# Treinamento em Segurança Alimentar – Práticas e Procedimentos Seguros

# Sumário

Treinamento em Segurança Alimentar – Práticas e Procedimentos Seguros ..................................................................1
   Módulo 1 : Limpeza e saúde pessoal ...................................7
      Introdução à limpeza pessoal e saúde...........................7
      Higiene ..........................................................................8
      Use roupas ou uniformes limpos. ..................................8
      Roupas e Adornos..........................................................9
      Lavagem das mãos ........................................................9
      Cabelo..........................................................................10
      Comportamento em torno da comida ........................11
   Importância da Limpeza para um Estabelecimento no Setor de Alimentação............................................................12
      Saleiros e pimenteiros e açucareiros...........................13
      Xícaras de café ............................................................14
      Cafeteiras....................................................................14
      Máquina de café .........................................................15
      Superfícies ..................................................................15
      Janelas, Portas, Quadros e Espelhos............................16
      Maçanetas ..................................................................16
      Banheiros....................................................................17
   Diretrizes para limpeza manual.........................................17
      Pré-imersão.................................................................17
      Tipo de pia ..................................................................18
      Ao lavar.......................................................................18
      Mantenha a água quente ...........................................19
      Enxágue Racks ............................................................20

Sanitização.................................................................20
Higienização de Louças ..............................................21
   Água quente.............................................................21
Os pontos principais deste módulo são: ......................23
Módulo 2 : Manipulação Sanitária de Alimentos .............23
   Comprando Alimentos..............................................24
Diretrizes de Saneamento para Recebimento de Alimentos
........................................................................................26
Armazenando Alimentos.................................................28
Práticas recomendadas de armazenamento refrigerado ......30
Práticas importantes para armazenamento de alimentos.....32
Introdução à preparação de alimentos............................34
   Lavagem das mãos ..................................................34
   Ferramentas e Superfícies.......................................35
   Latas ..........................................................................35
O que fazer e o que não fazer........................................36
Congelamento e Descongelamento ..............................37
Antes de servir.................................................................38
Alimentos pré-preparados: os perigos! .........................39
Manipulação Sanitária de Alimentos ..............................40
   Procedimentos de Saneamento ..............................40
   Não cuspa, pois isso pode espalhar doenças. .......44
Procedimentos de Saneamento.....................................47
Os pontos principais deste módulo são: ......................50
   Temperaturas de refrigeração recomendadas: ........51
Módulo 3 : Acidentes em Serviços de Alimentação ..........52
Introdução a Burns .........................................................52
   Gás..............................................................................53
   Esteja preparado ......................................................53
   Use o equipamento de manuseio correto.......................53
   Água fervente ...........................................................54
   Tenha cuidado com o vapor ....................................54

Tenha cuidado com respingos. ...................54
Fogo..............................................................54
Saiba como apagar incêndios. ....................54
Diretrizes gerais ........................................55
Guia Detalhado para Prevenção de Incêndios em Cozinhas Profissionais ..................................................55
1. Treinamento e Protocolos de Segurança ...................56
2. Manutenção Preventiva de Equipamentos e Instalações ..............................................................................57
3. Armazenamento Seguro de Materiais Inflamáveis......59
4. Boas Práticas de Cozimento ............................60
5. Equipamentos de Combate a Incêndios e Sistemas de Alerta ..............................................................61
6. Ações Imediatas em Caso de Incêndio........................62
7. Manutenção de Documentação e Revisão de Segurança ............................................................63
Resumo e Recomendações Finais .........................64
Introdução Distensões musculares e quedas ......................65
Guia de Cuidados e Ações para Evitar Distensões Musculares e Quedas em Cozinhas Profissionais ...............68
1. Aquecimento e Alongamento Muscular...................68
2. Postura e Ergonomia...............................................69
3. Uso de Equipamentos de Proteção Individual (EPIs).70
4. Organização do Espaço de Trabalho .......................70
5. Técnicas para Movimentação Segura .....................71
6. Rotina de Inspeção e Manutenção...........................72
7. Treinamento e Orientação da Equipe ......................72
8. Rotina de Alongamento durante o Expediente...........73
9. Descarte e Organização dos Resíduos....................74
Introdução aos cortes.................................................74
Facas - Cuidados Gerais .......................................76
Facas – Limpeza ....................................................76

Vidro quebrado ..................................................................77
Diretrizes gerais de segurança ............................................78
   Regulamentos ..................................................................80
Introdução aos primeiros socorros ......................................84
   Asfixia ............................................................................86
   Manobra de Heimlich – Posição Inicial .......................87
Os pontos principais deste módulo são: ..............................88
Módulo 4 : Incidentes, inspeções e doenças no serviço de alimentação ..........................................................................90
   O papel dos gestores .......................................................90
   Relatórios de incidentes/acidentes .................................92
   Inspeções ........................................................................92
   Incidentes e Inspeções ...................................................93
      Introdução .................................................................95
   Envenenamento químico ................................................95
   Germes ............................................................................96
   Alergias ..........................................................................96
   Doenças transmitidas por alimentos ..............................97
Doenças transmitidas por alimentos: intoxicação alimentar ..............................................................................................98
Os pontos principais deste módulo são: ............................100
Resumo e Orientações: ......................................................102
   1. Contaminação Biológica ..........................................103
      Consequências .........................................................104
      Como Evitar ............................................................104
   2. Contaminação Química ............................................105
      Consequências .........................................................106
      Como Evitar ............................................................106
   3. Contaminação Física ................................................107
      Consequências .........................................................107
      Como Evitar ............................................................107

Práticas Adicionais Gerais para Evitar Contaminações
................................................................................... 108

## Introdução:

O setor de alimentação é uma área de responsabilidade intensa, onde cada detalhe conta para a segurança e a satisfação dos clientes. A segurança alimentar não é apenas um protocolo; é o coração de uma cozinha que preza pela saúde, pela qualidade e pela confiança de seus consumidores. Neste guia completo, *"Treinamento em Segurança Alimentar – Práticas e Procedimentos Seguros"*, abordamos todas as práticas essenciais para que profissionais da cozinha – desde os novos integrantes até os gestores experientes – possam dominar as principais técnicas de segurança, higiene e prevenção de acidentes, garantindo um ambiente seguro e eficiente para todos.

Nosso livro é estruturado para facilitar o aprendizado prático, com módulos que vão desde as noções básicas de higiene pessoal e manutenção dos utensílios, até os procedimentos críticos para a manipulação sanitária de alimentos e a prevenção de acidentes, incêndios e contaminações.

Cada módulo deste guia traz orientações detalhadas e aplicáveis, baseadas nas melhores práticas e diretrizes do setor, além de estratégias para criar um ambiente de trabalho mais seguro, limpo e produtivo. Com uma linguagem clara e focada em resultados, este livro é uma ferramenta essencial para aqueles que desejam não apenas cumprir as normas, mas elevar os padrões de segurança alimentar em qualquer ambiente profissional. Abra as portas para um novo patamar de segurança e qualidade na sua cozinha – porque, na prática, proteger a saúde de todos é a nossa prioridade.

## Módulo 1 : Limpeza e saúde pessoal

Muitas doenças transmitidas por alimentos são atribuídas aos funcionários que manipulam alimentos.

Os funcionários do serviço de alimentação não devem tossir ou espirrar nas mãos, fumar cigarros, coçar a cabeça, tocar o rosto ou praticar hábitos que contaminem suas mãos e os alimentos com os quais trabalham.

### Introdução à limpeza pessoal e saúde

Todos os funcionários de serviços de alimentação devem passar por exames físicos regulares por um médico.

Muitas leis locais exigem exames de sangue, radiografias de tórax e exames quando um trabalhador de serviço de alimentação é contratado e regularmente depois disso.

Funcionários de serviços de alimentação que estejam doentes **não devem comparecer ao trabalho.**

Um funcionário com resfriado, tosse, ferida aberta ou furúnculo pode facilmente contaminar os alimentos.

Um funcionário que tenha sido exposto a uma doença infecciosa deve consultar um médico antes de retornar ao trabalho.

**Higiene**

Tome banho diariamente e use desodorante e antitranspirante.

Lave seu cabelo com xampu sempre que necessário para mantê-lo saudável e limpo. Use-o em um estilo simples e fácil de manusear.

**Use roupas ou uniformes limpos.**

Mantenha as unhas limpas, bem aparadas e sem esmalte.

**Roupas e Adornos**

Não use maquiagem ou perfume em excesso.

Não use joias que não sejam alianças de casamento sem adornos. Esta diretriz é principalmente por razões sanitárias, mas também ajuda a proteger você e suas joias.

Use sapatos limpos, de salto baixo, adequados e com solas antiderrapantes. O calcanhar e o dedo do pé devem ficar completamente fechados por razões de higiene e segurança. Não use tênis, chinelos ou sandálias.

**Lavagem das mãos**

Lave sempre as mãos com sabão e água morna antes de começar o trabalho e antes de iniciar uma nova operação de manuseio de alimentos.

Suas mãos também devem ser lavadas antes de retornar do banheiro, depois de tocar no rosto ou no cabelo e depois de manusear objetos sujos, incluindo dinheiro.

Lave as mãos em pias de lavagem de mãos, não em pias de preparação de alimentos ou de lavagem de louça.

Use toalhas descartáveis para secar as mãos, não panos de prato, aventais, roupas ou uniformes.

**Cabelo**

Os funcionários devem usar restrições de cabelo; eles não devem usar spray de cabelo como substituto. Evite grampos e presilhas de cabelo porque eles podem cair.

Não penteie o cabelo, use spray de cabelo, lixe as unhas ou aplique maquiagem em áreas de serviço de alimentação.

**Comportamento em torno da comida**

Não fume nem masque chiclete em nenhuma área de produção de alimentos.

Não tussa ou espirre perto de alimentos. Não é higiênico carregar lenços usados no bolso. Se necessário, lenços descartáveis devem ser usados e depois descartados.

Os hábitos alimentares dos funcionários têm impacto no saneamento. Estabeleça e aplique regras sobre onde e quando os funcionários podem comer.

Designe áreas específicas para uso dos funcionários e permita refeições somente nessas áreas.

Os funcionários devem ser obrigados a lavar as mãos depois de terminar de comer.

**Importância da Limpeza para um Estabelecimento no Setor de Alimentação**

Hotéis, restaurantes, bares e hospitais têm muito a ganhar e mais a perder com base no grau de sua limpeza. Um estabelecimento com uma **merecida reputação** de limpeza **atrairá clientes** que aproveitarão qualquer oportunidade para recomendá-lo a outros.

Uma das **considerações mais importantes** que um cliente levará em conta ao escolher um hotel ou restaurante é sua **limpeza** .

É extremamente importante desenvolver um programa de higienização da sua propriedade e manter sistematicamente uma imagem pública adequada.

Comece fazendo uma lista dos itens que devem ser limpos. Em seguida, escolha a frequência de limpeza de cada item da lista.

Os slides a seguir mostram uma lista de exemplo para uma sala de jantar.

**Saleiros e pimenteiros e açucareiros**

Toda semana, os saleiros e pimenteiros devem ser esvaziados e lavados como tarefa de encerramento da noite, de preferência em noites separadas.

Vire-os de cabeça para baixo para secar durante a noite, para que um garçom possa enchê-los no início do turno seguinte.

Os saleiros e pimenteiros devem ser enchidos e limpos diariamente, certificando-se de que as tampas estejam bem apertadas. Se forem feitos diariamente, não precisam de arroz.

Os açucareiros devem ser esvaziados e lavados uma vez por semana e enchidos diariamente com açúcar fresco.

**Xícaras de café**

Como elas ficam manchadas por causa do chá e do café, pode ser necessário deixá-las de molho em produtos químicos especiais para remoção de manchas. Você pode usar uma solução suave de vinagre.

Não se deve usar alvejante para remover manchas; ele pode arranhar o revestimento de esmalte da porcelana e, eventualmente, tornar as manchas permanentes.

## Cafeteiras

As panelas usadas para servir café devem ser polidas e limpas em todos os itens. Resíduos de óleo de café no interior podem ser removidos com um removedor de manchas de café especial, uma mistura de ácido cítrico em pó e água quente ou uma solução de vinagre.

## Máquina de café

Limpe diariamente. Lave as partes móveis e deixe de molho durante a noite. Desmonte e limpe profundamente uma vez por semana.

## Superfícies

Limpe os balcões várias vezes ao dia. Higienize no fechamento.

Os menus devem ser verificados quanto à limpeza e desgaste. Eles devem ser limpos ou substituídos conforme necessário.

As bases das mesas devem ser verificadas. Qualquer base suja ou que precise de tinta pode afetar negativamente a experiência gastronômica.

Limpe os pisos diariamente após o fechamento. Limpe com água e sabão. Use uma solução de alvejante semanalmente.

**Janelas, Portas, Quadros e Espelhos**

Todas as superfícies de vidro devem ser polidas completamente antes do serviço. (Você pode usar jornais velhos para fazer isso)

**Maçanetas**

Germes se acumulam nas maçanetas e podem ser transferidos para funcionários e hóspedes. Elas devem ser limpas com frequência.

**Banheiros**

Um funcionário e uma funcionária devem ser designados para verificar a limpeza dos banheiros e a necessidade de suprimentos a cada hora.

**Diretrizes para limpeza manual**

Métodos sanitários de limpeza de pequenos utensílios são altamente importantes. Além de fornecer um padrão de segurança, eles darão ao seu estabelecimento uma imagem atraente.

**Pré-imersão**

Remova grandes quantidades de comida suja da louça com uma espátula, escova ou outro utensílio antes de lavar. Inspecione a louça durante a lavagem e descarte itens rachados, lascados ou inutilizáveis.

Muitas vezes, é necessário um processo de pré-imersão para lavar adequadamente louças muito sujas.

**Tipo de pia**

Lave a louça em uma pia com pelo menos três ou quatro compartimentos.

Se for usada uma pia de três compartimentos, os procedimentos envolverão lavagem, enxágue e higienização.

Se for usada uma pia com quatro compartimentos, o processo normal envolverá pré-lavagem, lavagem, enxágue e higienização.

Siga sempre os códigos de saúde locais e outros.

## Ao lavar

Use o tipo e a quantidade adequados de sabão para lavar louças com base nas informações do fabricante ou fornecedor do sabão. Forneça aos funcionários o equipamento de medição adequado.

Use escovas de plástico com cerdas firmes para lavar louças.

Não use panos de prato, esfregões de louça ou esponjas macias - eles são muito difíceis de manter limpos.

Não use escovas de limpeza de metal, pois elas podem deixar lascas de metal dentro ou sobre os itens que estão sendo lavados.

Lave os copos com uma escova para vidros.

## Mantenha a água quente

A ordem normal de lavagem é a seguinte: copos, talheres, pratos, bandejas, panelas e frigideiras.

Drene frequentemente a água da lavagem e reabasteça com água limpa, fresca e quente.

## Enxágue Racks

Depois de lavados, copos, xícaras e tigelas devem ser colocados de cabeça para baixo em escorredores.

Eles devem ser colocados frouxamente nas prateleiras para que a água de enxágue alcance todas as superfícies.
Pelo mesmo motivo, pratos, bandejas, panelas e frigideiras não devem ficar amontoados nos escorredores de louça.
Coloque os talheres nos cestos de enxágue com as alças para cima.

**Sanitização**

Remova todo o detergente dos pratos antes de colocá-los na pia de enxágue.

Encha a pia de enxágue com água limpa a aproximadamente 180°F (82°C) se estiver higienizando com água quente.

Se a higienização for feita com produtos químicos, é possível higienizar com água em uma temperatura muito mais baixa. (Produtos químicos diferentes podem exigir temperaturas diferentes - sempre verifique as instruções do fabricante.) Troque a água de enxágue com frequência.

**Higienização de Louças**

Existem duas maneiras de higienizar corretamente louças lavadas manualmente.

**Água quente**

A água deve estar **a pelo menos 180°F(82)°C)** para higienizar a louça.

Para elevar a água a essa temperatura, você precisa de um **aquecedor auxiliar** ou de um elemento de aquecimento elétrico que possa ser imerso diretamente na água.

Como os funcionários não podem remover itens da água a 180 graus com as mãos, eles devem usar pinças ou outros dispositivos.

Geralmente é **mais prático** usar um agente químico higienizante para higienizar pratos.

Se forem utilizados produtos químicos, a água não precisa estar excessivamente quente.

Use agentes químicos de higienização adequados na quantidade correta.

Determine as quantidades a serem utilizadas e **forneça treinamento adequado,** juntamente com utensílios de medição, aos funcionários.

**Os pontos principais deste módulo são:**

- Muitas doenças transmitidas por alimentos são causadas pela falta de higiene pessoal dos funcionários que trabalham no serviço de alimentação.
- Isso significa que é vital para uma empresa do setor de alimentação ter diretrizes para seus funcionários seguirem em relação à limpeza.
- Um cronograma de limpeza deve ser seguido para garantir a higienização adequada dentro do estabelecimento e desenvolver uma boa imagem pública.

- É necessário seguir as diretrizes corretas para higienizar pequenos utensílios e louças para garantir a limpeza adequada.

**Módulo 2 : Manipulação Sanitária de Alimentos**

**Comprando Alimentos**

O pessoal do restaurante deve comprar apenas alimentos saudáveis e adequados para consumo. Os alimentos devem ser obtidos de fontes comerciais que cumpram todas as leis sanitárias locais, regionais e nacionais aplicáveis.

Geralmente, produtos de carne e aves enviados de outros países devem ser inspecionados por agentes do Departamento de Agricultura para garantir que esses produtos sejam adequados para consumo humano.

A inspeção é feita nas plantas de processamento nos EUA para garantir que:
- Produtos de carne e aves têm a qualidade adequada.
- A planta está limpa.
- Procedimentos adequados são usados pelos funcionários da fábrica.

Os compradores devem estar cientes da diferença entre "inspeção" e "classificação".

Inspeção refere-se a um **exame oficial** do alimento para determinar se ele é saudável ou não.

Classificação refere-se ao processo de **análise** de alimentos em relação a padrões específicos e definidos para avaliar sua qualidade.

A inspeção geralmente é exigida por lei, mas a classificação é opcional.

Muitos compradores preferem comprar produtos classificados porque sabem que eles atendem a padrões de qualidade específicos. Essa é uma das razões pelas quais os produtores estão dispostos a pagar para que suas frutas, vegetais, queijos e outros produtos sejam classificados.

No entanto, os compradores devem estar cientes de que os produtos são classificados nas unidades de processamento; o manuseio inadequado pelo pessoal de entrega ou do restaurante pode afetar negativamente a qualidade.

**Diretrizes de Saneamento para Recebimento de Alimentos**

Todos os alimentos recebidos devem ser verificados para garantir que atendam aos padrões de qualidade declarados nas especificações de compra da operação.

Os funcionários que recebem carnes e aves americanas para a operação devem procurar os rótulos "Inspecionado e Aprovado".

**Diretriz 1:** Observe as condições do veículo de entrega.

O interior parece limpo?

É um caminhão de caçamba aberta ou fechado? A chance de que os produtos sejam contaminados é maior com um caminhão de caçamba aberta.

**Diretriz 2:** Inspecione cuidadosamente cada caixa que pareça danificada; há uma possibilidade de que os alimentos dentro dela estejam contaminados.

**Diretriz 3:** Verifique todas as entregas em busca de evidências de contaminação por insetos ou roedores.

**Diretriz 4:** Verifique os produtos recebidos para odores incomuns ou desagradáveis. Tais odores geralmente significam que existe um problema.

**Diretriz 5:** Não aceite alimentos congelados que pareçam parcialmente ou completamente descongelados ou estragados.

**Armazenando Alimentos**

**Os alimentos devem ser armazenados o mais rápido possível após o recebimento.**

Mantenha os alimentos armazenados cobertos, pois alimentos descobertos podem secar ou absorver odores.

Também é possível que detritos ou outros objetos caiam nos alimentos descobertos da prateleira de armazenamento acima.

Armazene alimentos congelados em seus recipientes originais, pois esses recipientes geralmente são à prova de umidade e vapor.

Armazene alimentos básicos como farinha, fubá e arroz em recipientes resistentes à ferrugem e corrosão, com tampas bem fechadas.

Não use recipientes de metal; eles são difíceis de limpar, higienizar e manter.

Mantenha os alimentos armazenados longe de paredes e canos com goteiras.

Coloque os alimentos em prateleiras com ranhuras que estejam a pelo menos cinco centímetros de distância da parede e a quinze centímetros do chão.

## Práticas recomendadas de armazenamento refrigerado

Todos os alimentos cozidos ou outros produtos removidos do recipiente original devem ser colocados em recipientes limpos, higienizados, tampados e identificados. Não armazene alimentos embalados em contato com água ou gelo não drenado.

Verifique os termômetros da geladeira regularmente. As temperaturas recomendadas são as seguintes:

- Produção: 45°F(7°C) ou menos.
- Laticínios e carnes: 40°F(4°C) ou menos.
- Frutos do mar: 30°F(-1°C) ou menos.

Armazene pedaços grandes de carne e todos os alimentos de forma que permita a livre circulação de ar frio em todas as superfícies.

Não armazene alimentos diretamente no chão ou na base.

Programe a limpeza dos equipamentos e das salas de armazenamento refrigeradas em intervalos regulares.

Coloque a data em todas as mercadorias no recebimento e gire o estoque na base de "primeiro a entrar, primeiro a sair".

Verifique diariamente se há deterioração nas frutas e vegetais.

Armazene produtos lácteos separadamente de alimentos com odor forte.

Armazene o peixe separado de outros produtos alimentícios.

Estabelecer um programa de manutenção preventiva para equipamentos.

## Práticas importantes para armazenamento de alimentos

- **Facilita a circulação de ar e a limpeza do piso.**
- Não forre as prateleiras com papel ou outros materiais, pois isso bloqueará o fluxo de ar. Todas as prateleiras devem estar limpas.
- Alimentos que não podem ser armazenados em prateleiras devido ao tamanho ou volume devem ser armazenados em carrinhos ou plataformas facilmente móveis, não no chão.
- Mesmo que estejam em recipientes, os alimentos nunca devem ser armazenados no chão, pois esses recipientes podem ser colocados no balcão da cozinha para serem abertos e esvaziados; isso permitiria que a terra no fundo dos recipientes contaminasse o balcão.
- As temperaturas recomendadas em áreas de armazenamento refrigeradas variam de acordo com o tipo de alimento armazenado.

- A temperatura do congelador deve ser de 0°F (-18°C) ou menos.
- Produtos alimentícios que não necessitem de refrigeração ou congelamento devem ser armazenados em áreas limpas, frescas e sem umidade, bem ventiladas e livres de roedores e insetos.
- As temperaturas para produtos alimentícios secos devem estar entre 50°F (10°C) e 70°F (21°C); a umidade relativa deve variar de 50% a 60%.
- **Produtos que parecem estragados ou inutilizáveis devem ser jogados fora, mas certifique-se de que os funcionários o notifiquem primeiro!**
- Distribua alimentos para áreas de preparação ou serviço em uma base de primeiro a entrar, primeiro a sair (FIFO). Em outras palavras, os produtos que ficam armazenados por mais tempo devem ser usados primeiro.
- Antes de armazenar um produto, marque a data em que ele foi recebido na embalagem ou

recipiente em que ele veio. Isso ajudará na rotação do estoque.

- Inspecione as áreas de armazenamento com frequência. Não guarde venenos, substâncias tóxicas ou materiais de limpeza em áreas de armazenamento de alimentos.

**Introdução à preparação de alimentos**

Procedimentos básicos de higienização devem ser sempre seguidos ao trabalhar com alimentos e ao redor deles.

**Lavagem das mãos**

Manter as mãos limpas durante a preparação dos alimentos é essencial. O uso de luvas descartáveis é frequentemente prático.

## Ferramentas e Superfícies

Certifique-se de limpar adequadamente as ferramentas de preparação de alimentos e outros equipamentos. Higienize as superfícies de contato entre cada tarefa de processamento de alimentos.

## Latas

Lave a parte superior das latas antes de abri-las.
Não use latas que tenham inchaço nas partes superior ou inferior, ou aquelas com amassados ao longo das costuras laterais. O inchaço pode significar que germes contaminaram o produto; amassados ao longo da costura lateral podem indicar que o lacre da lata está quebrado.

Se os produtos enlatados tiverem odores incomuns ou desconhecidos, ou se o conteúdo parecer espumoso ou leitoso, não os utilize.

## O que fazer e o que não fazer

Lave bem todas as frutas e vegetais crus antes de prepará-los ou servi-los.

Tenha cuidado especial ao manusear e preparar carne, ovos, peixe, frutos do mar e outros alimentos ricos em proteínas.

Não utilize carnes com cheiro estranho ou com superfície viscosa.

Geralmente, qualquer tipo de alimento que pareça mofado, turvo ou tenha um cheiro estranho deve ser descartado.

Não experimente os alimentos, pois esse teste não prova nada e pode fazer você passar mal.

## Congelamento e Descongelamento

Nunca deixe alimentos descongelando durante a noite.

Alimentos potencialmente perigosos devem ser descongelados de uma das seguintes maneiras:

- Em unidades refrigeradas.
- Em água corrente a uma temperatura de 70°F (21°C) ou inferior.
- Em um forno de micro-ondas, o produto será imediatamente transferido para outro equipamento de cozimento como parte do processo de cozimento - por exemplo, quando bifes são grelhados a partir do estado congelado.

**Não recongele produtos descongelados.** Congelar, descongelar e recongelar podem criar problemas de saneamento e destruir a qualidade dos alimentos.

## Antes de servir

Alguns alimentos exigem uma temperatura mais alta antes de servir. O centro de aves, recheios de aves, carnes recheadas e recheios contendo carne devem ser aquecidos a 165°F(74°C), carne de porco a 150°F(66°C)

Por outro lado, rosbife malpassado e bife de carne malpassado precisam ser aquecidos apenas a 130°F(54°C). As temperaturas da carne e das aves devem ser verificadas com um termômetro de cozimento.

Prepare alimentos perecíveis o mais próximo possível da hora de servir. Para matar quaisquer germes que possam estar presentes, todos os alimentos devem ser aquecidos a pelo menos 140°F(60°C) no centro da massa alimentar.

Mantenha alimentos frios refrigerados até o início do serviço (ou durante o serviço, no caso de uma operação de cafeteria ou buffet). Muitas cozinhas têm refrigeradores onde alimentos preparados podem ser mantidos até o serviço.

**Alimentos pré-preparados: os perigos!**

Um problema comum em muitas operações de serviços de alimentação envolve manter alimentos quentes que são preparados antes do serviço.

Caçarolas, ensopados, molhos e outros produtos ricos em proteína são frequentemente mantidos em banho-maria quente em temperaturas mornas por longos períodos de tempo. Se germes entrarem nesses produtos, as condições são ideais para intoxicação alimentar ou infecção.

Alimentos proteicos devem ser mantidos acima de 140°F (60°C) ou abaixo de 45°F (7°C) ou não devem ser mantidos.

## Manipulação Sanitária de Alimentos

## Procedimentos de Saneamento

Os funcionários devem evitar deixar estoque na doca de carga, pois, caso contrário, produtos perecíveis podem estragar devido ao crescimento bacteriano. Em vez disso, conte o estoque imediatamente e armazene-o em sua área adequada, como geladeira, freezer ou armazenamento a seco.

Alimentos nunca devem ser armazenados no chão, pois são facilmente contaminados pela sujeira. Alimentos devem ser armazenados em sua área apropriada.

Os funcionários devem evitar armazenar alimentos contra uma parede; deve haver pelo menos 2 polegadas entre a parede e os alimentos. Isso é para garantir a circulação de ar adequada.

Restos de comida não devem ser deixados do lado de fora, pois isso incentiva a contaminação. A comida deve ser refrigerada o mais rápido possível.

Alimentos não devem ser mantidos em temperaturas entre 45°F(70°C) e 140°F(60°C). Alimentos devem ser armazenados em uma geladeira o mais rápido possível para evitar contaminação.
Os funcionários não devem recongelar alimentos, pois isso diminui substancialmente a qualidade dos alimentos e aumenta a contagem de bactérias. Os alimentos devem ser usados completamente ou armazenados depois de cozidos.

Os alimentos devem sempre ser completamente cozidos, alimentos mal cozidos incentivam a contaminação. Para tentar garantir que os alimentos sejam completamente cozidos, aqueça-os sem interrupção.

Se a comida parecer suspeita, **ela não deve ser provada**, mas jogada fora. Isso é para preservar a saúde do funcionário.

Os funcionários nunca devem servir frutas ou vegetais não lavados, nem latas abertas que não tenham sido lavadas, pois isso pode causar contaminação.

Partículas de alimentos não devem ser deixadas em copos, talheres ou louças do equipamento. Isso pode causar contaminação. Todos os equipamentos devem ser inspecionados quanto à limpeza antes do uso.

Copos ou louças rachados ou lascados não devem ser usados, pois bactérias podem se desenvolver nas rachaduras.

Os funcionários nunca devem manusear os copos pela borda, os utensílios pela parte de comer ou as partes superiores dos pratos, pois podem transferir bactérias para a louça.

A etiqueta adequada de manuseio é tocar nos pratos apenas pelas bordas, nas xícaras pelas alças, nos copos perto da base e nos utensílios pela base.

Pratos sujos nunca devem ser colocados na mesma bandeja que a comida que será servida, pois isso pode causar contaminação. Em vez disso, bandejas separadas devem ser usadas para limpar a mesa.

Os funcionários nunca devem deixar a comida no balcão de serviço, pois a comida resfriada aumenta as chances de crescimento bacteriano. Em vez disso, ela deve ser servida imediatamente.

Os funcionários nunca devem sentar em balcões ou mesas, nem se apoiar em mesas, pois os contaminantes presentes nas roupas serão transferidos para as mesas.
O cabelo não deve ser usado solto, pois ele cai na comida e causa contaminação, além de ser extremamente desagradável. Redes de cabelo devem ser usadas.

Os funcionários devem manter as mãos longe do rosto, do cabelo e dos bolsos, devido à possibilidade de contaminação. Se qualquer uma dessas coisas tiver que ser feita, as mãos devem ser lavadas completamente imediatamente

Nunca masque chiclete ou qualquer coisa similar, pois isso pode espalhar infecções.

Nunca carregue o cheque ou o lápis na boca, nem coloque um lápis no cabelo, pois essas ações espalham a infecção. O cheque deve ser carregado na mão e o lápis no bolso.

Espirros, bocejos ou tosses devem ser evitados, pois essas ações espalham infecções. Se for inevitável, certifique-se de não ficar de frente para alimentos ou convidados, cubra sua boca e certifique-se de lavar as mãos.

**Não cuspa, pois isso pode espalhar doenças.**

Não coma ou mordisque no trabalho, nem coma de bandejas ou pratos sujos. Coma nos intervalos designados e lave bem as mãos quando terminar.

Nunca fume em serviço. Além de espalhar doenças, isso pode espalhar o vírus da nicotina.
Fume nas áreas designadas durante os intervalos e lave bem as mãos depois.

Nunca use seu avental como toalha, pois um avental sujo contaminará as mãos limpas. Em vez disso, use toalhas descartáveis.

Os funcionários nunca devem trabalhar com as mãos sujas, pois isso aumenta o risco de contaminação. Lave as mãos usando água morna e sabão. Ensaboe bem e enxágue com água limpa. Seque as mãos com toalhas descartáveis.

Nunca manuseie pratos limpos se suas mãos não tiverem sido limpas após tocar em pratos sujos, pois pode ocorrer contaminação por pratos sujos. Certifique-se de que as mãos sejam lavadas cuidadosamente entre esses dois estágios.

Os funcionários nunca devem tocar ou pegar alimentos com as mãos, pois a infecção pode se espalhar pela pele. Luvas de serviço adequadas devem ser usadas.

Os funcionários não devem usar roupas sujas para trabalhar, pois podem abrigar infecções. Um uniforme limpo e avental devem ser sempre usados.

Evite joias em excesso, pois partículas de alimentos podem se acumular nelas e causar contaminação. Use apenas o mínimo de joias - uma aliança de casamento ou nenhuma.

Não chegue ao trabalho precisando de banho, pois isso pode causar contaminação bacteriana. Tome banho e use desodorante diariamente.

Os funcionários nunca devem usar a mesma faca e tábua de corte para carnes e vegetais sem lavá-los, pois a salmonela e outros organismos muito pequenos podem se espalhar se isso for feito.

Em vez disso, use uma faca e uma tábua diferentes ou lave e higienize.

Não se apresente para trabalhar se estiver doente, pois isso aumenta a chance de espalhar a doença. Ligue dizendo que está doente para que uma substituição possa ser organizada.

Não trabalhe com feridas expostas, pois isso aumentará o risco de infecção da ferida e disseminação da infecção. Mantenha sempre as feridas cobertas com o tipo adequado de curativo.

Não vá trabalhar se seu cartão de saúde estiver vencido para ajudar a prevenir a disseminação de doenças transmissíveis, como tuberculose e doenças venéreas. A data de vencimento deve ser monitorada e renovada imediatamente.

**Procedimentos de Saneamento**

Nunca lave as mãos em pias usadas para preparar alimentos, pois isso pode contaminar os alimentos. Em vez disso, use a pia designada para lavar as mãos.

Os funcionários nunca devem provar alimentos usando o dedo, pois os alimentos podem ser contaminados pela saliva. Uma colher de degustação deve ser usada, e usada apenas uma vez.

A comida nunca deve ser reservada, pois o manuseio da comida pelos hóspedes pode espalhar doenças. A comida deve ser jogada fora, e o excesso de pãezinhos, etc., deve ser evitado.

**Carne de porco nunca deve ser servida malpassada,** para evitar triquinose. Sempre deixe a carne de porco no galinheiro até que esteja completamente cozida para matar organismos de triquina.

As prateleiras de copos não devem ser deixadas do lado da tigela, pois doenças transmitidas pelo ar podem se acumular. Em vez disso, armazene os copos invertidos.

Alimentos nunca devem ser armazenados em recipientes abertos. Como partículas transportadas pelo ar podem contaminar alimentos. Sempre armazene alimentos em recipientes lacrados.

Alimentos já preparados não devem ser deixados de fora, pois doenças transmitidas pelo ar podem se acumular e partículas transportadas pelo ar podem contaminar os alimentos. Prepare os alimentos imediatamente antes de cozinhar/servir.

Os funcionários nunca devem secar talheres, copos, utensílios ou equipamentos de cozinha com uma toalha, pois isso aumenta a chance de infecção. Eles devem ser deixados secar ao ar, ou secar no ciclo de uma máquina de lavar louça.

Lixo não deve ser armazenado com alimentos, pois isso pode causar contaminação bacteriana. Deve haver um lugar apropriado para cada um deles.

**Os pontos principais deste módulo são:**

- Ao comprar alimentos, deve-se garantir que as fontes comerciais cumpram todas as leis sanitárias locais, regionais e nacionais aplicáveis.
- Os alimentos recebidos devem ser verificados para garantir que atendam aos padrões de qualidade declarados nas especificações de compra da operação.
- Saiba o que procurar ao receber comida.
    - O veículo de entrega parece higiênico?
    - A caixa de entrega está danificada?
    - Parece que há contaminação por insetos/roedores?
    - Há odores desagradáveis?
    - Os produtos congelados parecem parcialmente descongelados?

Ao receber alimentos, certifique-se de que eles estejam armazenados corretamente. Armazene alimentos congelados em recipientes originais. Armazene farinha e arroz, etc., em recipientes à prova de ferrugem e corrosão com tampas bem ajustadas.

**Temperaturas de refrigeração recomendadas:**

- Produção: (7°C) ou menos.
- Laticínios e carnes: (4°C) ou menos.
- Frutos do mar: (-1°C) ou menos.

A temperatura do congelador deve ser de (-18°C) ou menos.

- As temperaturas para produtos alimentícios secos devem estar entre (10°C) e(21°C); a umidade relativa deve variar de 50% a 60%.
- Ao preparar alimentos, certifique-se de seguir os procedimentos básicos de saneamento. Mantenha as mãos limpas. Mantenha o equipamento limpo.
- Ao descongelar alimentos congelados, certifique-se de fazer o seguinte:

• Em unidades refrigeradas.

• Em água corrente a uma temperatura de (21°C) ou inferior.

• Em um forno de micro-ondas, se o produto for imediatamente transferido para outro equipamento de cozimento como parte do processo de cozimento. Por exemplo, quando bifes são grelhados a partir do estado congelado.

**Módulo 3 : Acidentes em Serviços de Alimentação**

**Introdução a Burns**

Muitos acidentes em operações de serviços de alimentação resultam em queimaduras. Os slides a seguir contêm ações que podem ser tomadas para prevenir.

## Gás

Siga o procedimento recomendado ao usar qualquer equipamento de cozinha ou ao acender equipamentos a gás.

## Esteja preparado

Planeje com antecedência. Sempre tenha um lugar preparado para panelas quentes antes de removê-las do fogão ou forno.

## Use o equipamento de manuseio correto

Use pegadores de panela secos; um pegador de panela molhado ou úmido pode causar queimadura de vapor. Nunca use avental, toalha ou pano de prato.

Não coloque a mão dentro do forno quente; use um extrator ou outra ferramenta adequada.

## Água fervente

Não use panelas com cabos soltos (eles podem quebrar) ou fundos arredondados (as panelas podem tombar).

## Tenha cuidado com o vapor

Não encha panelas, frigideiras ou chaleiras muito cheias. Abra as panelas com cuidado, levantando a parte de trás das tampas para que o vapor escape para longe de você.

## Tenha cuidado com respingos.

Mexa os alimentos cuidadosamente com colheres de cabo longo ou espátulas para evitar respingos e salpicos.

## Fogo

### Saiba como apagar incêndios.

Se a comida pegar fogo, espalhe sal ou bicarbonato de sódio na chama; não use água. Saiba como usar extintores de incêndio e outros equipamentos de segurança.

**Diretrizes gerais**

Deixe o equipamento esfriar antes de limpá-lo.

Proibir brincadeiras.

Tenha cuidado ao servir café e outros líquidos quentes.

Tenha cuidado perto de lâmpadas de calor.

**Guia Detalhado para Prevenção de Incêndios em Cozinhas Profissionais**

Cozinhas profissionais são áreas de alto risco para incêndios devido à combinação de calor intenso, presença de óleos, gorduras e eletricidade. A prevenção de incêndios requer uma combinação de cuidados diários, manutenção de equipamentos, treinamentos e protocolos de segurança bem definidos. Este guia fornece orientações detalhadas sobre cuidados e ações essenciais para evitar incêndios em cozinhas profissionais.

## 1. Treinamento e Protocolos de Segurança

1. **Treinamento Regular da Equipe:**
   - Realizar treinamentos de prevenção de incêndio, com foco em como operar extintores e sistemas de supressão.
   - Capacitar a equipe para o uso seguro dos equipamentos, manuseio de óleos quentes e comportamento em situações de emergência.
2. **Procedimentos de Emergência:**
   - Estabelecer e comunicar claramente o plano de evacuação da cozinha e áreas adjacentes.

- Colocar sinalização visível para rotas de fuga e localizações de equipamentos de combate a incêndio.

3. **Rotina de Simulações de Emergência:**

    - Realizar simulados de incêndio pelo menos semestralmente para treinar a equipe e revisar os protocolos de evacuação.

## 2. Manutenção Preventiva de Equipamentos e Instalações

1. **Fogões e Fornos:**

    - Realizar a manutenção regular dos queimadores, trocando peças danificadas para evitar vazamento de gás.
    - Limpar as superfícies internas dos fornos para evitar o acúmulo de gordura e detritos inflamáveis.

2. **Exaustores e Dutos de Ventilação:**

- Limpar e desengordurar os filtros dos exaustores semanalmente.
- Inspecionar e limpar o sistema de dutos periodicamente para remover o acúmulo de gordura, que é altamente inflamável.

3. **Aparelhos Elétricos:**

- Verificar regularmente cabos, conexões e disjuntores para evitar curto-circuitos.
- Desconectar aparelhos elétricos das tomadas após o uso, especialmente durante a noite.

4. **Sistema de Supressão de Incêndio:**

- Inspecionar e testar o sistema de supressão de incêndio da cozinha semestralmente.
- Garantir que os sprinklers estejam funcionando corretamente e que não haja obstruções ao redor deles.

## 3. Armazenamento Seguro de Materiais Inflamáveis

### 1. Armazenamento de Óleos e Gorduras:

- Guardar óleos e gorduras em recipientes próprios, longe de fontes de calor e em locais bem ventilados.
- Evitar armazenar grandes quantidades de óleo próximo aos fogões e fornos.

### 2. Produtos de Limpeza e Químicos:

- Manter produtos de limpeza inflamáveis em armários ventilados e separados da área de cozimento.
- Armazenar químicos em locais designados e sempre em recipientes originais com tampas bem fechadas.

### 3. Descarte Correto de Resíduos:

- Evitar que resíduos de gordura se acumulem na lixeira e nos drenos; usar recipientes específicos para descarte de óleos e gorduras.

## 4. Boas Práticas de Cozimento

1. **Supervisão Constante:**
   - Nunca deixar o cozimento de alimentos desassistido, especialmente em altas temperaturas e durante o uso de fritadeiras.
   - Estabelecer uma política de monitoramento contínuo durante o uso de fogões, grelhas e fritadeiras.

2. **Uso Adequado de Panelas e Utensílios:**
   - Usar panelas e frigideiras apropriadas, evitando aquelas com cabos danificados ou que possam causar instabilidade sobre os fogões.
   - Não sobrecarregar panelas com óleo e evitar que ele transborde, o que pode causar incêndio ao entrar em contato com chamas.

3. **Atenção ao Uso de Óleos:**
   - Evitar aquecer óleo em temperaturas excessivas, pois ele pode atingir o ponto de

fulgor (temperatura de combustão espontânea) e causar um incêndio.

## 5. Equipamentos de Combate a Incêndios e Sistemas de Alerta

1. **Extintores de Incêndio:**
   - Equipar a cozinha com extintores específicos para óleo e graxa (extintores classe K), além dos comuns para eletricidade (classe C).
   - Posicionar extintores em locais acessíveis, próximos às áreas de cozimento, e garantir que toda a equipe saiba operá-los.
2. **Cobertores de Fogo:**
   - Manter cobertores de fogo em pontos estratégicos para sufocar incêndios pequenos em panelas ou frigideiras.
   - Treinar a equipe no uso desses cobertores, que são uma ferramenta rápida e eficiente para pequenos focos de fogo.

3. **Alarmes de Incêndio e Detetores de Fumaça:**

    - Instalar detectores de fumaça adequados para cozinhas, com sensores resistentes à gordura e ao vapor, evitando alarmes falsos.
    - Testar regularmente os detectores e substituí-los conforme necessário.

## 6. Ações Imediatas em Caso de Incêndio

1. **Para Incêndios em Panelas e Frigideiras:**

    - Desligar a fonte de calor e cobrir a panela ou frigideira com uma tampa ou cobertor de fogo para sufocar o fogo.
    - Nunca jogar água sobre óleo em chamas, pois isso pode gerar uma explosão de fogo.

2. **Para Incêndios Elétricos:**

    - Desligar o disjuntor ou a fonte de energia para eliminar o risco.

- Usar extintores classe C e nunca usar água em incêndios causados por aparelhos elétricos.

3. **Evacuação e Acionamento dos Serviços de Emergência:**

    - Se o incêndio for de grandes proporções ou incontrolável, evacuar imediatamente a cozinha e acionar os bombeiros.
    - Informar rapidamente as pessoas nos arredores e seguir o protocolo de segurança para evacuação do local.

7. **Manutenção de Documentação e Revisão de Segurança**

    1. **Registro de Manutenções e Inspeções:**

        - Manter um log atualizado com a data de inspeções e manutenções dos equipamentos de segurança, sistemas de ventilação, e extintores.

- Realizar auditorias periódicas para garantir que todos os protocolos estão sendo seguidos.

2. **Revisão e Atualização dos Procedimentos de Segurança:**

    - Revisar as políticas de segurança e treinamentos de incêndio pelo menos anualmente e após qualquer incidente.
    - Ajustar e melhorar as práticas de segurança conforme necessário para se adequar a novos equipamentos ou atualizações na legislação.

**Resumo e Recomendações Finais**

Prevenir incêndios em cozinhas profissionais requer a integração de manutenção preventiva, treinamentos, e procedimentos operacionais seguros. Adotar práticas rigorosas de controle e prevenção reduz significativamente os riscos e protege a segurança da equipe, das instalações e dos clientes.

## Introdução Distensões musculares e quedas

Distensões musculares podem ser evitadas tomando cuidado e usando o método de levantamento correto.

Depois dos acidentes de trânsito, quedas matam mais pessoas do que qualquer outro tipo de acidente. A maioria das quedas não são de lugares altos, mas são escorregões ou tropeços no nível do chão.

Precauções para evitar manchas musculares e quedas estão listadas nos slides a seguir.

## Levantando corretamente

Para evitar distensões musculares, mantenha sempre os pés firmes antes de tentar levantar um objeto pesado.
Mantenha as costas retas; não se incline para a frente ou para os lados.
Dobre os joelhos para pegar objetos baixos e levante-os com as pernas, não com as costas.

Os funcionários não devem tentar carregar muitos itens de uma vez ou itens que sejam muito pesados para eles. Ao carregar uma carga pesada, peça ajuda ou use um carrinho.

**Derramamentos**
Mantenha o chão sempre limpo e seco.
Limpe respingos imediatamente.

Use ceras para pisos "antiderrapantes" e placas de "Cuidado" ou "Piso molhado" quando apropriado.

**Mantenha os pisos em bom estado**
Mantenha objetos perigosos, como caixas, esfregões e vassouras, longe do chão.
Substitua ladrilhos soltos ou virados para cima assim que notar.
Conserte degraus de escadas rachados ou desgastados.

**Calçado Correto**
Use calçados adequados, com salto baixo e sola antiderrapante.

Nunca use sapatos gastos, sapatos de sola fina, chinelos, saltos altos, tênis ou sandálias.

O calcanhar e a ponta do sapato devem ficar completamente fechados.

Mantenha os cadarços dos sapatos amarrados para evitar tropeços.

Ande, não corra e tenha cuidado ao passar por portas giratórias.

Não alcance

Use uma escada resistente se for necessário alcançar lugares altos.

**Preste atenção às portas**

Certifique-se de que as entradas e saídas estejam limpas e seguras.

Isso inclui a remoção de lama se a propriedade estiver localizada em uma área onde isso seja um problema potencial com chuva.

Mantenha os tapetes ou outros dispositivos de proteção limpos e em boas condições.

**Iluminação**

Mantenha todas as áreas nas quais os funcionários devem trabalhar ou caminhar bem iluminadas; preste atenção especial às áreas externas e degraus onde é mais provável que acidentes ocorram.

**Guia de Cuidados e Ações para Evitar Distensões Musculares e Quedas em Cozinhas Profissionais**

**1. Aquecimento e Alongamento Muscular**

- **Por que é importante?** O aquecimento e o alongamento preparam os músculos e as articulações para atividades intensas, reduzindo a probabilidade de distensões.
- **Como fazer?**
    - Realizar uma série breve de alongamentos dinâmicos antes de iniciar o trabalho, focando nas áreas mais exigidas, como ombros, braços, pernas e costas.

- Movimentos circulares com os braços e alongamentos de pernas e panturrilhas são recomendados.

## 2. Postura e Ergonomia

- **Princípios de ergonomia:**
    - **Altura das bancadas e mesas**: Bancadas na altura certa para que o colaborador não tenha que se curvar ou elevar demais os braços. A altura ideal é geralmente entre a cintura e o umbigo.
    - **Levantamento de cargas**: Ensinar a equipe a levantar objetos com os joelhos dobrados e as costas retas, evitando torções na coluna.
- **Postura correta para diferentes atividades:**
    - Ao cortar alimentos, mantenha os cotovelos junto ao corpo para reduzir a tensão no ombro.
    - Evite curvar-se para frente ao carregar utensílios pesados; mantenha-os próximos ao corpo.

## 3. Uso de Equipamentos de Proteção Individual (EPIs)

- **Calçados antiderrapantes:** Essenciais para evitar escorregões em superfícies molhadas. Escolha modelos com boa aderência e biqueira reforçada para proteger contra quedas de objetos.
- **Luvas de apoio para transporte de peso:** Luvas com almofadamento ajudam a proteger contra o peso e minimizam a pressão nas mãos.
- **Aventais com tiras ajustáveis:** Aventais de tamanho adequado, com alças reguláveis, que permitam movimento livre e confortável.

## 4. Organização do Espaço de Trabalho

- **Organização dos Utensílios e Equipamentos:**
  - Armazenar os utensílios mais usados em áreas de fácil acesso, para evitar torções e alongamentos repetitivos.
  - **Prateleiras seguras e de altura acessível** para objetos pesados. Nunca guardar itens pesados em locais altos.
- **Manter o Piso Limpo e Seco:**

- **Remoção imediata de derramamentos**: Treinar a equipe para limpar líquidos imediatamente. Utilizar produtos adequados para não deixar resíduos escorregadios.
- **Tapetes e esteiras antiderrapantes**: Usar nos pontos onde há mais movimentação e risco de respingos, como áreas de pia e fogão.

5. Técnicas para Movimentação Segura

- **Locomoção na Cozinha:**
    - Andar sempre com atenção e não correr, mesmo em situações de pressão. Manter uma postura ereta e observar a movimentação dos colegas.
- **Comunicação:** Em uma cozinha movimentada, é importante avisar sempre antes de se mover, especialmente em corredores estreitos, usando frases como "atrás de você" ou "indo à direita" para evitar esbarrões.
- **Armazenamento seguro de objetos pontiagudos:** Guardar facas e utensílios afiados

com proteção ou em locais específicos para evitar lesões ao esticar o braço.

## 6. Rotina de Inspeção e Manutenção

- **Superfícies e Equipamentos:**
    - Manter uma rotina de inspeção e manutenção das superfícies, bancadas e áreas de passagem para evitar falhas estruturais que possam causar quedas.
    - Manter equipamentos como fornos e fogões fixados corretamente no chão e com todos os mecanismos de segurança funcionando.
- **Manutenção de pisos e revestimentos antiderrapantes:** Checar regularmente o estado dos pisos e substituir materiais danificados que possam representar um risco de escorregamento.

## 7. Treinamento e Orientação da Equipe

- **Sessões periódicas de treinamento de segurança:** Abordar temas como movimentação segura, técnicas de levantamento de peso e ergonomia básica para todos os colaboradores.

- **Simulações de emergência:** Treinar a equipe para situações de emergência, como um vazamento de óleo ou derramamento de líquidos quentes, para que todos saibam como agir sem colocar a si ou aos outros em risco.
- **Sinalização e boas práticas:** Garantir que todos entendam os sinais visuais e adesivos que indicam áreas molhadas ou locais de risco.

## 8. Rotina de Alongamento durante o Expediente

- Estimular pausas breves para alongamento ao longo do turno. Movimentos rápidos de ombro, pescoço e coluna ajudam a aliviar a tensão muscular acumulada.
- **Alongamentos rápidos recomendados:** Movimentos circulares de pescoço e ombros, alongamentos de costas e pernas para evitar tensão acumulada.

## 9. Descarte e Organização dos Resíduos

- **Manter lixeiras com tampas fechadas:** Evitar acúmulo de resíduos, especialmente perto de áreas de passagem.
- **Controle de objetos caídos:** Recolher imediatamente quaisquer objetos que possam ter caído no chão, como utensílios ou restos de embalagens.

Essas ações preventivas, somadas a uma cultura de segurança e conscientização, reduzem significativamente o risco de distensões musculares e quedas na cozinha. Além de proteger a equipe, esses cuidados ajudam a manter a produtividade e o ritmo da cozinha sem acidentes ou interrupções.

**Introdução aos cortes**

Cortes são riscos constantes para funcionários da preparação de alimentos.

**Facas - Cortar**
Os funcionários devem estar atentos ao usar facas, fatiadores ou equipamentos similares.

Existem muitas diretrizes comuns para o uso de facas.
Coloque sempre os alimentos a serem cortados sobre uma mesa ou tábua de corte.
Corte para longe do seu corpo; o alimento deve ser segurado firmemente e fatiado, cortando para baixo.
Ao cortar alimentos com uma faca, segure-os com a mão livre e mantenha a ponta da faca no bloco.

Facas cegas causam mais problemas do que facas afiadas porque facas cegas exigem que os funcionários exerçam mais pressão, e problemas de deslizamento são mais prováveis de ocorrer.

**Facas - Cuidados Gerais**

Descarte ou conserte facas com cabos soltos.
Não deixe facas na borda do balcão - empurre-as para trás para que não caiam no chão ou no pé de alguém.
Não tente pegar uma faca que esteja caindo.
Nunca brinque com facas nem as utilize como substitutos de chaves de fenda ou abridores de latas.
Não use facas para abrir caixas de papelão; use a ferramenta adequada para abrir recipientes.

**Facas – Limpeza**

Cortes também podem ocorrer quando facas ou outras ferramentas afiadas são lavadas. Por esse motivo, todas as ferramentas afiadas devem ser lavadas separadamente.
Nunca coloque facas ou outras ferramentas afiadas em pias cheias de água com sabão. Limpe todas as suas ferramentas afiadas com cuidado.

Use um pano grosso dobrado e trabalhe lenta e cuidadosamente do centro da lâmina até a borda externa do corte.

Ao limpar um fatiador, certifique-se de que a lâmina esteja na posição recomendada para limpeza.

Desconecte a unidade e consulte o manual de operação e manutenção do fabricante para obter instruções específicas de limpeza.

**Vidro quebrado**

Minimizar o uso de vidro na cozinha pode ajudar a prevenir cortes.
Qualquer vidro quebrado deve ser limpo imediatamente com uma vassoura e uma pá, não com os dedos.
Se o vidro quebrar na máquina de lavar louça, drene a água e retire o vidro com um pano úmido.
Coloque sempre vidros quebrados ou louças em um recipiente de lixo separado.

**Diretrizes gerais de segurança**

Mantenha facas, cutelos, serras e outras ferramentas afiadas em prateleiras ou gavetas especiais quando não estiverem em uso.

Use ferramentas de corte do tamanho correto e certifique-se de que elas tenham a lâmina adequada.

Utilize proteções de segurança e quaisquer outros itens de segurança fornecidos no equipamento.

Tenha cuidado ao operar fatiadores e outras ferramentas elétricas de corte.

Ao usar aços de afiar, certifique-se de que haja uma proteção para os dedos entre os cabos e o aço.

**Instruções**

Não tome atalhos ao operar equipamentos de serviço de alimentos potencialmente perigosos; sempre siga as instruções do fabricante cuidadosamente.

Coloque as instruções sobre ou perto do equipamento para que os funcionários possam consultá-las.

**Procedimentos**

Treine os funcionários sobre como usar, manter e limpar os equipamentos.

Novos funcionários devem ser cuidadosamente supervisionados para garantir que os procedimentos adequados sejam seguidos.

Sempre que possível, desconecte o equipamento das fontes de energia antes de limpá-lo.

Manutenção

Mantenha o equipamento adequadamente. Manutenção inadequada pode levar a condições de trabalho inseguras.

Realize inspeções regulares e detalhadas dos equipamentos com a equipe de manutenção ou representantes da empresa fornecedora do equipamento.

**Regulamentos**

Certifique-se de que todas as conexões de gás estejam em conformidade com os regulamentos aplicáveis.

Certifique-se de que todos os equipamentos e conexões elétricas estejam em conformidade com os requisitos dos códigos elétricos nacionais, estaduais e locais.

Equipamentos elétricos devem, quando aplicável, ter o selo de aprovação do Underwriters Laboratories.

Equipamentos Elétricos

Siga cuidadosamente as instruções do fabricante sempre que operar equipamentos elétricos.

Desligue sempre os equipamentos elétricos antes de limpá-los.

Nunca toque em tomadas de metal e equipamentos elétricos quando suas mãos estiverem molhadas ou se você estiver em um piso molhado.

Pratique a manutenção preventiva: um eletricista qualificado deve inspecionar todos os equipamentos elétricos, fiação, interruptores, etc., regularmente.

**Introdução ao Fogo**

Outra causa potencial de acidente em operações de serviços de alimentação é o fogo. As seguintes precauções discutidas neste tópico podem ajudar a diminuir o perigo de incêndio.

**Medidas Simples**

Limpe e faça a manutenção adequada dos equipamentos de cozinha e dos exaustores/filtros.

Por razões de higiene e segurança, limite o fumo a áreas restritas.

**Extintores de incêndio**

Certifique-se de que haja equipamento adequado de extinção de incêndio à mão.

O pessoal deve saber onde ele está localizado e como usá-lo.

Consulte as autoridades locais de combate a incêndio sobre a compra, uso e inspeção de equipamentos de extinção de incêndio.

As leis locais frequentemente exigem equipamentos especiais de extinção de incêndio sob os filtros de ventilação.

Independentemente do tipo (químico seco, dióxido de carbono ou químico em soluções especiais), este equipamento só pode ser eficaz se for projetado, instalado e mantido profissionalmente.

**Detecção de incêndio**

Considere usar dispositivos de detecção de incêndio.

Podem ser equipamentos especializados que podem detectar fumaça, chamas e/ou calor.

No futuro, considere usar sistemas de sprinklers automáticos, pois eles são uma maneira muito eficaz de controlar incêndios.

**Procedimento de emergência**

Os funcionários devem saber onde estão localizadas todas as saídas de emergência e devem ser realizados simulados de incêndio.

Entre em contato com o corpo de bombeiros local para obter ajuda específica na elaboração de procedimentos de emergência.

Certifique-se de que todas as portas da propriedade abram para fora e que as saídas de incêndio estejam sempre desobstruídas.

Os números de telefone do corpo de bombeiros devem estar localizados perto dos telefones.

**Introdução aos primeiros socorros**

Imediatamente após um acidente, os primeiros socorros são a principal preocupação.

É muito importante que alguém treinado em primeiros socorros aplique o tratamento.

Pessoas sem treinamento em primeiros socorros normalmente devem realizar apenas procedimentos de senso comum.

Imediatamente após um acidente, os primeiros socorros são a principal preocupação.

É muito importante que alguém treinado em primeiros socorros aplique o tratamento.

Pessoas sem treinamento em primeiros socorros normalmente devem realizar apenas procedimentos de senso comum.

**Treinamento de primeiros socorros**

Incentive os funcionários a receber treinamento em primeiros socorros.

Se possível, o treinamento deve ser dado a vários funcionários para que seja mais provável que alguém com treinamento em primeiros socorros esteja sempre no local.

**Suprimentos e Informações**

Uma operação deve ter equipamentos e suprimentos de primeiros socorros no local em uma área conveniente. Em grandes operações, particularmente aquelas com mais de um andar, vários kits de primeiros socorros podem ser necessários.

Exiba informações de primeiros socorros. Poste vários tipos de pôsteres médicos e de primeiros socorros em locais apropriados em toda a sua operação de serviço de alimentação.

## Asfixia

A asfixia devido à obstrução das vias aéreas é uma das principais causas de morte acidental.

Se uma pessoa engasgada não estiver tossindo ou não conseguir falar, essa é a deixa para realizar a manobra de Heimlich imediatamente.

A manobra de Heimlich é geralmente considerada o melhor primeiro socorro para engasgo.

IMPORTANTE! Você só deve realizar a manobra de Heimlich se tiver recebido treinamento de primeiros socorros de um profissional treinado.

**Manobra de Heimlich – Posição Inicial**

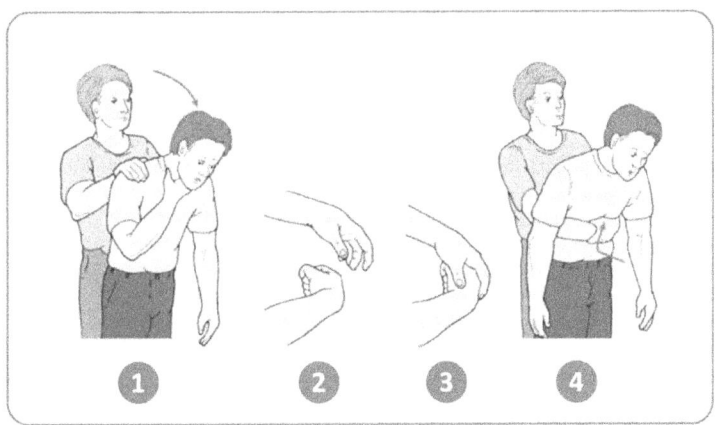

Passo 1: Peça para a pessoa engasgada se levantar caso ela esteja sentada.

Passo 2: Posicione-se um pouco atrás da vítima em pé.

Etapa 3: Tranquilize a vítima dizendo que você conhece a manobra de Heimlich e que vai ajudar.

Manobra de Heimlich - Procedimento

Passo 4: Passe os braços ao redor da cintura da vítima.

Passo 5: Feche uma das mãos em punho e coloque o polegar em direção à vítima, logo acima do umbigo.

Passo 6: Segure seu punho com a outra mão.

Passo 7 Aplique cinco contrações e estocadas para cima no abdômen.

Manobra de Heimlich - Lembre-se!

Etapa 8: Faça com que cada compressão-empurrão seja forte o suficiente para desalojar um corpo estranho.

Passo 9: Entenda que seus impulsos fazem o diafragma mover o ar para fora dos pulmões da vítima, criando uma espécie de tosse artificial.

Passo 10 Segure firmemente a vítima, pois ela pode perder a consciência e cair no chão se a manobra de Heimlich não for eficaz.

**Os pontos principais deste módulo são:**

Queimaduras, distensões musculares, quedas, cortes, acidentes com equipamentos e incêndios são os tipos mais comuns de acidentes em serviços de alimentação. Existem inúmeras maneiras de reduzir o risco desses acidentes ocorrerem.

Muitas queimaduras podem ser evitadas tomando cuidado ao usar panelas e frigideiras.

Distensões musculares podem ser prevenidas levantando-se objetos da maneira correta: mantenha as costas retas e levante-os com as pernas.

O risco de quedas pode ser reduzido mantendo o piso limpo e arrumado e mantendo o ambiente de trabalho bem iluminado.

Alguns cortes podem ser evitados tomando muito cuidado ao manusear facas.

As chances de acidentes com equipamentos podem ser reduzidas permitindo que apenas funcionários treinados no uso do equipamento o utilizem, mantendo-o em boas condições e tomando cuidado ao utilizá-lo.

O perigo de incêndio pode ser reduzido por meio da limpeza e manutenção adequadas dos equipamentos de cozinha, coifas e filtros, além do uso de dispositivos de detecção de incêndio.

Ter funcionários com treinamento em primeiros socorros, se possível, é desejável. Equipamentos de primeiros socorros devem estar disponíveis nas dependências.

Exiba informações de primeiros socorros, como cartazes apropriados, em toda a operação do serviço de alimentação.

**Módulo 4 : Incidentes, inspeções e doenças no serviço de alimentação**

**O papel dos gestores**

Embora todos os membros da equipe de serviço de alimentação sejam membros da equipe de saneamento e segurança da operação, o desenvolvimento de programas de saneamento e segurança realmente começa com o comprometimento da gerência.

Os gerentes têm a responsabilidade final de desenvolver, implementar e monitorar os esforços de saneamento e segurança da propriedade, incluindo:

- Incorporar práticas de saneamento e segurança aos procedimentos operacionais.

- Garantir que as preocupações com saneamento e segurança tenham prioridade sobre a conveniência.
- Treinar funcionários em procedimentos de trabalho sanitários e seguros.
- Realização de inspeções de saneamento e segurança.
- Preencher relatórios de acidentes, auxiliar em investigações e fazer o que for necessário para garantir que os problemas sejam corrigidos rapidamente.
- Quando necessário, auxiliar no tratamento e buscar assistência médica para funcionários ou hóspedes feridos.
- Relatar reparos ou manutenção necessários, mudanças nos procedimentos de trabalho ou outras condições que sejam problemas potenciais.
- Realização de reuniões sobre saneamento e segurança.

- Incentivar a participação ativa de todos os funcionários na resolução de problemas de saneamento e segurança.

**Relatórios de incidentes/acidentes**

Será uma boa prática preencher um relatório caso ocorra um incidente/acidente e manter o registro.

Deve estar disponível em caso de investigação pelas autoridades ou pela seguradora.

As informações necessárias incluem:

- Quem estava envolvido/magoado, quando, onde e como, com detalhes.
- Além disso, qual foi a reação e as medidas tomadas para evitar que algo semelhante aconteça no futuro?

**Inspeções**

As inspeções geralmente estão no centro dos esforços da gerência para garantir que os procedimentos de saneamento e segurança sejam seguidos de forma consistente.

Você pode desenvolver formulários de inspeção ou listas de verificação que concentrem a atenção em equipamentos, instalações, práticas de manuseio de alimentos e/ou funcionários de serviços de alimentação.

Pessoas com conhecimento especial (representantes de seguros, inspetores de incêndio estaduais ou locais, etc.) podem ajudar você a criar essas listas de verificação.

Um exemplo de lista de verificação de segurança está disponível na seção de recursos.

**Incidentes e Inspeções**

- A frequência com que você faz inspeções sanitárias depende, em parte, do desempenho da sua propriedade durante a primeira inspeção.
- Uma inspeção completa deve ser feita pelo menos uma vez por mês.
- No entanto, se necessário, você também deve realizar inspeções diárias de áreas ou equipamentos específicos da estação de trabalho.
- Um dos principais motivos para realizar inspeções de saneamento e segurança é corrigir condições potencialmente perigosas.
- Medidas corretivas devem ser tomadas imediatamente!
- Se for necessário passar algum tempo antes que um problema seja corrigido, informe os funcionários sobre quaisquer possíveis perigos e alerte a alta gerência de que um problema foi encontrado e que medidas estão sendo tomadas para corrigi-lo.

- Após a conclusão da inspeção, os formulários de inspeção e as listas de verificação devem ser arquivados para referência posterior.
- Rever formulários e listas de verificação anteriores pode lhe dar uma indicação da eficácia a longo prazo dos seus programas de saneamento e segurança.
- Além disso, os formulários são evidências de seus esforços para manter uma operação de alimentos e bebidas higiênica e segura.

**Introdução**

Existem inúmeras razões pelas quais os alimentos podem ser comprometidos e se tornar inseguros. Ao conhecer essas razões, é mais fácil para você evitá-las.

**Envenenamento químico**

Produtos de limpeza, pesticidas e outras substâncias tóxicas devem ser mantidos longe dos alimentos.

Frutas e vegetais devem ser bem lavados antes do uso.

Alimentos enlatados devem ser retirados de latas abertas e armazenados em outros recipientes.

Não use panelas, frigideiras ou utensílios de cozinha enferrujados.

**Germes**

Os germes são pequenos demais para serem vistos sem um microscópio.
Nem todos são prejudiciais; alguns são benéficos e úteis. Precisamos deles para fazer pão, queijo e vinho.
Alguns são usados para fabricar medicamentos e outros são necessários ao nosso corpo para ajudar na digestão.
No entanto, alguns germes são nocivos e **perigosos** , incluindo bactérias, vírus, fungos e parasitas.
Os **germes mais perigosos** são aqueles que preferem os alimentos que gostamos: carne, frango, peixe, ovos e alimentos assados com recheios cremosos.

**Eles precisam de umidade e temperaturas** favoráveis entre 45°F (7°C) e 140°F (60°C) para se multiplicarem rapidamente e provocarem doenças transmitidas por alimentos.

**Alergias**

Algumas pessoas têm alergias que podem ser fatais. As mais conhecidas são **nozes e mariscos** .

**Doenças transmitidas por alimentos**

Existem dois tipos básicos de doenças transmitidas por alimentos:

**Intoxicação alimentar** : doença causada por venenos produzidos por germes

- Envenenamento por estafilococos
- Botulismo
- Envenenamento por Salmonella (Sam)

- Clostridium perfringens
- Estreptococo
- Triquinose
- Tuberculose

**Infecções alimentares** : Doenças causadas por germes nos alimentos

- Salmonelose
- Clostridium perfringens

**Doenças transmitidas por alimentos: intoxicação alimentar**

**Envenenamento por estafilococos:**

Comer alimentos infectados por manipuladores descuidados com germes de cortes, espirros ou tosse perto de alimentos. Encontrado em pratos de creme e creme, carne, aves, presunto e saladas de carne.

**Botulismo:**

Comer alimentos que contêm veneno de bactérias em alimentos enlatados não preparados adequadamente. (Carne, peixe, milho e feijão).

**Envenenamento por Salmonella (Sam):**
Comer alimentos mal cozidos que contenham esse organismo.
Causada pelo contato com material fecal (principalmente de roedores). Em carnes, aves, ovos e assados com recheio de creme.

**Clostridium perfringens:**
Comer alimentos contaminados por manipuladores de alimentos ou insetos. Encontrado em carnes, aves, sopas, molhos e molhos feitos com carne ou aves.

**Estreptococo:**
Comer alimentos contaminados por tosse, espirro, poeira, sujeira de roupas ou ar contaminado nas instalações.

**Triquinose:**

Comer carne de porco ou produtos contaminados.

**Tuberculose:**

Comer alimentos manipulados por portadores da doença. Transmitido no leite ou produtos lácteos.

**Salmonelose:**

A forma mais comum de infecção alimentar. Os germes da salmonela vivem no trato intestinal de pessoas, porcos e galinhas. Alimentos especialmente suscetíveis são carne moída, carne de porco, aves, ovos de peixe, produtos de ovos e recheios de creme. Ocorre dentro de 12 a 48 horas.

Os sintomas incluem dor abdominal, diarreia, febre, vômitos e calafrios.

**Clostridium perfingens:**

Os germes C. perfingens são encontrados em todos os lugares: no solo, na poeira e nos tratos intestinais de pessoas e animais. Infecta sopas, molhos e ensopados mantidos mornos em recipientes fundos por muito tempo. Ocorre dentro de 8 a 12 horas

Os sintomas incluem dor abdominal e diarreia.

**Os pontos principais deste módulo são:**

- O comprometimento da gerência é um aspecto muito importante da equipe de saneamento e segurança de uma operação. Quanto mais comprometida e ativa a gerência estiver em relação à segurança e saneamento, mais o restante da equipe de serviço de alimentação responderá.
- Os gerentes devem treinar os funcionários em procedimentos de trabalho sanitários e seguros.
- Os gerentes devem tentar garantir que as práticas de saneamento e segurança sejam incorporadas aos procedimentos operacionais e realizar inspeções.
- As inspeções são essenciais para o esforço da gerência em garantir que os procedimentos de

saneamento e segurança sejam seguidos de forma consistente.

- Uma inspeção completa deve ser realizada pelo menos uma vez por mês.
- Após a conclusão das inspeções, os formulários de inspeção e as listas de verificação devem ser preenchidos para fornecer um registro abrangente dessa inspeção e para comparação com registros de inspeções passadas e futuras.

Evite o envenenamento químico:

- Manter os utensílios limpos e conservados.
- Manter substâncias tóxicas longe dos alimentos.
- Não deixar alimentos em latas abertas.
- Lavar frutas e vegetais.

- Manter os alimentos armazenados em uma temperatura inferior a **45°F (7°C) ou superior a 140°F (60°C)** ajudará **a evitar** que germes se multipliquem e causem **doenças transmitidas por alimentos.**

- Alergias podem ser fatais, é importante estar ciente dos alérgenos nos alimentos que você serve e que você **os exiba no menu.**

**Resumo e Orientações:**

A segurança alimentar em uma cozinha profissional depende de práticas rigorosas para evitar a contaminação de alimentos. Essas contaminações podem ser categorizadas como **biológicas, químicas e físicas**, cada uma com agentes específicos e consequências distintas. Vamos explorar cada tipo, os agentes envolvidos e as orientações para prevenção.

**1. Contaminação Biológica**

Essa é a contaminação mais comum e envolve microrganismos como bactérias, vírus, fungos e parasitas. Os principais agentes incluem:

- **Bactérias** como *Salmonella, Escherichia coli* (E. coli), *Listeria monocytogenes* e *Staphylococcus aureus*.
- **Vírus** como Norovírus e Hepatite A.
- **Fungos** como bolores e leveduras, geralmente encontrados em alimentos deteriorados.
- **Parasitas** como *Toxoplasma gondii* e *Anisakis* (em frutos do mar).

**Consequências**

A contaminação biológica pode causar intoxicações alimentares, sintomas gastrointestinais, febre, dores abdominais e, em casos graves, problemas renais, neurológicos ou até óbito.

**Como Evitar**

1. **Controle de Temperatura:**
   - **Armazenamento**: Manter alimentos perecíveis abaixo de 5°C. Cozinhar a uma temperatura mínima de 75°C elimina a maioria dos patógenos.

- **Refrigeração**: Armazenar alimentos cozidos e crus separadamente na geladeira para evitar contaminação cruzada.

2. **Higienização de Equipamentos e Superfícies:** Limpar e desinfetar regularmente bancadas, utensílios e equipamentos com produtos adequados.
3. **Lavagem das Mãos:** A equipe deve lavar as mãos antes de manipular alimentos, após usar o banheiro e entre tarefas diferentes.
4. **Descarte de Alimentos Deteriorados:** Verificar regularmente os alimentos e descartar itens com sinais de mofo, cheiro ou aparência alterados.
5. **Boas Práticas na Preparação e Manipulação:** Usar utensílios exclusivos para cada tipo de alimento (como carnes, vegetais e laticínios) para evitar contaminação cruzada.

## 2. Contaminação Química

Essa ocorre quando substâncias químicas tóxicas entram em contato com os alimentos. Os agentes incluem:

- **Resíduos de produtos de limpeza** e desinfetantes mal enxaguados em utensílios ou superfícies.
- **Metais pesados** como chumbo e mercúrio, que podem estar presentes em alimentos de origem marinha.
- **Aditivos e corantes** em excesso ou inadequados, especialmente os não aprovados para consumo.
- **Agrotóxicos** em frutas e vegetais.

**Consequências**

A ingestão de agentes químicos pode resultar em envenenamento, alergias, problemas neurológicos e até efeitos cancerígenos a longo prazo.

**Como Evitar**

1. **Uso Controlado de Produtos de Limpeza:**

- Usar produtos de limpeza adequados para o ambiente alimentar e enxaguar bem após o uso.
- Não misturar produtos, pois isso pode formar compostos tóxicos.

2. **Armazenamento de Produtos Químicos Separado dos Alimentos:** Guardar todos os produtos químicos em locais bem ventilados e afastados da área de alimentos.
3. **Compra de Ingredientes em Fontes Confiáveis:** Optar por produtos com certificação de segurança e que atendam às regulamentações de resíduos de agrotóxicos.
4. **Controle de Aditivos e Corantes:** Seguir as orientações de uso em quantidades adequadas para os ingredientes industrializados.

## 3. Contaminação Física

Este tipo de contaminação envolve objetos estranhos que podem cair nos alimentos, como:

- **Partículas de metal** provenientes de utensílios, pedaços de plástico, cacos de vidro ou até mesmo fragmentos de madeira.
- **Cabelos, unhas, pedaços de luvas** ou fios de roupas da equipe.
- **Fragmentos de embalagens**, como papel ou plástico.

**Consequências**

A ingestão de contaminantes físicos pode causar lesões, danos dentários, lacerações na boca e esôfago e até infecções, se o objeto estiver contaminado.

**Como Evitar**

1. **Uniformização Adequada:**
   - A equipe deve usar toucas para cobrir os cabelos e roupas adequadas sem peças soltas que possam se desprender.
   - Remover joias e objetos que possam cair nos alimentos.

2. **Inspeção Regular de Utensílios e Equipamentos:** Manter equipamentos em boas condições e substituir utensílios danificados.
3. **Verificação de Embalagens:** Ao abrir embalagens, ter cuidado para que fragmentos não se misturem com os alimentos.
4. **Controle de Qualidade dos Ingredientes:** Inspecionar visualmente os ingredientes antes de utilizá-los.

**Práticas Adicionais Gerais para Evitar Contaminações**

- **Treinamento Regular da Equipe:** Ensinar os colaboradores sobre as práticas de higiene e manipulação segura dos alimentos.
- **Implementação de Boas Práticas de Fabricação (BPF) e Análise de Perigos e Pontos Críticos de Controle (APPCC):** Adotar procedimentos que identifiquem e controlem pontos críticos no processo de produção.

- **Verificação de Temperatura e Validade:** Usar termômetros e inspecionar a validade dos ingredientes regularmente.

Essas orientações ajudam a mitigar os riscos de contaminação e contribuem para um ambiente de cozinha mais seguro e saudável, garantindo a proteção da saúde dos consumidores e a qualidade dos produtos finais.

www.ingramcontent.com/pod-product-compliance
Lightning Source LLC
Chambersburg PA
CBHW050318230526
45471CB00005B/2243